AF242498

QUELQUES MOTS

SUR

L'HISTOIRE DES GIRONDINS,

PAR UN ANCIEN DIPLOMATE.

JUIN 1847.

QUELQUES MOTS

sur

L'HISTOIRE DES GIRONDINS

PAR UN ANCIEN DIPLOMATE.

> Les théories qui révoltent la conscience ne sont que les paradoxes de l'esprit mis au service des aberrations du cœur. On veut se grandir en s'élevant, dans de soi-disant calculs d'homme d'État, au-dessus des scrupules de la morale et des attendrissemens de l'âme : on se croit ainsi au-dessus de l'homme ; on se trompe..... Tout ce qui retranche à l'homme quelque chose de sa sensibilité, lui retranche une partie de sa véritable grandeur ; tout ce qui nie sa véritable conscience, lui enlève une partie de sa lumière..... Les systèmes trompent ; le sentiment seul est infaillible comme la nature, qui n'est que la morale dans l'instinct.
>
> *Histoire des Girondins*, T. III, p. 384 et 385.

> Ne parle pas le langage d'un peuple en révolution, car alors le désordre des choses passe dans les mots.
>
> *Maximes de Pythagore.*

Au moment où parurent les deux premiers volumes de l'*Histoire des Girondins*, livre dont l'apparition est un événement, divers journaux publièrent des fragmens de l'ensemble de l'ouvrage, tels que ceux qui se rapportent au voyage de Varennes, à la journée du 20 juin 1792, au procès du roi, à la captivité du Temple, à l'assassinat de Marat par Charlotte Corday, enfin à la vie privée de Robespierre. Ces fragmens furent accueillis avec empressement et lus avec avidité. Le

1847

premier présentait à travers tout l'intérêt d'un récit
tracé avec un incontestable talent, des inexactitudes
connues et aussitôt signalées par quelques personnes
qui avaient entre les mains des pièces irrécusables
ayant trait à ce fatal épisode de l'histoire de la monarchie défaillante. Celui de la journée du 20 juin révélait
déjà une sorte de tendance à ennoblir cette auda-
cieuse et coupable intervention du peuple égaré par
des factieux (A). Le tableau des hautes infortunes réu-
nies au Temple faisait renaître ces émotions que le
Journal de Cléry excite si vivement dans sa touchante
simplicité. On regrettait de voir appliquer à Charlotte
Corday l'étrange qualification d'*ange de l'assassinat ;*
enfin on s'étonnait de pénétrer avec tant de détail, et
trop peu d'indignation exprimée, dans le repaire de
Robespierre (B). Mais ce fut surtout l'article relatif au
procès du roi qui éveilla les réclamations comme la juste
et sévère censure de ceux qui n'admettaient aucune
palliation possible d'un pareil forfait. *L'Union monar-*
chique éleva la voix la première (c), et celui qui écrit
ces lignes, entraîné par un sentiment qui se rapproche
du culte pour la mémoire du roi martyr, s'associa vivement à cette manifestation d'une pensée qui était la
sienne, en autorisant l'insertion d'un article qu'il eût
signé sans hésitation en toute autre circonstance, car
s'il crut devoir à certains ménagemens de garder l'ano-
nyme, il était disposé à en accepter toute la responsa-
bilité et n'en saurait rien désavouer aujourd'hui.

Plusieurs personnes, parmi lesquelles se pourraient
compter aussi de *vrais* amis de M. de Lamartine,

applaudirent à cette expression d'une critique dictée
par un sentiment qu'on ne pouvait méconnaître.
Quelques-unes pensèrent qu'elle n'avait pas même
été assez caractérisée, et plusieurs lettres reçues, et
que l'on pourrait produire, attestent cette impression.
Il ne pouvait cependant exister dans l'esprit de celui
qui avait ainsi formulé sa manière de voir, une idée
aussi présomptueuse que l'eût été celle d'entrer en
lice avec M. de Lamartine, soit comme instruction
historique, soit surtout comme talent ; mais en appor-
tant dans l'examen rapide d'une opinion émise avec
l'autorité d'un tel nom l'appréciation consciencieuse
d'un jugement porté sans passion et avec un regret
non douteux, il croyait remplir un devoir envers
ses convictions et peut-être envers l'impartialité de
l'histoire. Des amis plus intimes de M. de Lamartine
se récrièrent cependant, blâmèrent ce qui avait été
ainsi placé devant le public, et dirent qu'il aurait fallu
attendre la publication entière de l'ouvrage pour juger
son vrai caractère et sa vraie tendance, que de simples
fragmens, peut-être surpris, ne pouvaient faire complètement connaître. Il était facile de répondre que
ces fragmens avaient dû être communiqués et ne
paraissaient l'avoir été que dans ce but bien évident ;
qu'ils portaient la signature de l'auteur : qu'il n'avait
existé aucun désaveu quant à leur authenticité, ni
aux principes qu'ils énoncent ; qu'en conséquence ils
appartenaient à l'examen, comme des échantillons
font juger d'un ensemble. Le procès de Louis XVI
était d'ailleurs caractérisé sans ambiguité ; les termes

relevés étaient précis et clairs, l'opinion malheureusement trop positivement révélée. Les contradictions
signalées furent invoquées par la défense comme
*d'heureuses inconséquences devant atténuer le mauvais
effet de ce qui avait pu être désapprouvé.* On ajoutait,
et comme reproche, que si l'on devait toujours la
vérité à ses amis, on ne la devait pas sur eux au public,
ce qui serait vrai, sans doute, si elle eût été demandée
à temps au véritable intérêt d'une amitié sincère,
mais non, quand dédaignant les conseils, on s'adres-
sait à lui sans se préoccuper d'elle. Quoi qu'il en soit,
on pourrait dire assurément et comme justification, s'il
en était besoin, que l'*Histoire des Girondins* étant
terminée, et l'ouvrage se trouvant aujourd'hui sous les
yeux du public, on peut reconnaître que la tendance
signalée dès le premier abord n'en a pas varié, et que
les fragmens déjà publiés sont reproduits sans modi-
fication quelconque. Les Girondins dont l'histoire
semblerait être ici le prétexte plutôt que le sujet réel
et principal; ces Girondins, hommes pour la plupart
remplis de talent assurément, mais qui après avoir été
de présomptueux rêveurs d'idées nouvelles, entraînés
d'abord par une vanité jalouse, ambitieuse et aveugle,
puis par ce torrent de la révolution qu'ils se sont
montrés incapables de maîtriser, sont représentés par
M. de Lamartine lui-même comme *poussant à l'émeute*
et qualifiés de *politiques et orateurs à langue dorée,
mais pliant à tous les vents de l'opinion et de la sédi-
tion ;* ces Girondins qui, après avoir été des idéologues passionnés, devinrent successivement des fac-

tieux coupables, des artisans de trouble et de désordre, et enfin de vrais criminels; que l'on voit en butte à toutes les haines de la Montagne, après en avoir honteusement partagé et sanctionné les premiers attentats; qui se trouvent conduits au châtiment, parce qu'ils n'ont pas même su exploiter une popularité si déplorablement acquise, et qui se posent en martyrs de toutes les vertus en présence d'une expiation rigoureuse, mais juste; ces Girondins comme abandonnés par l'auteur que l'on croyait devoir être leur panégyriste, s'effacent devant les héros de la terreur qui succéda à leur supplice; devant ce Clootz qui nous est dépeint comme *poussant la passion de l'humanité jusqu'au délire; mais délire de l'espérance et de la régénération;* devant Couthon, également *dévoré d'amour pour l'humanité*, qu'une espèce d'idylle chercherait à rendre intéressant comme nous avons vu la vie privée de Robespierre transformée en pastorale presque touchante; devant Camille Desmoulins, Lebas, Saint-Just, Lebon, enfin Robespierre lui-même placé au faîte de l'édifice, dont la chûte est racontée avec des détails qui trahiraient presque des regrets, et dont le système qui nous coûta tant de sang et de larmes se trouve comme préconisé dans le résumé concis, mais trop bien caractérisé, qui termine pour ainsi dire, cette longue étude des hommes et des faits de cette sinistre phase de nos annales.

« L'histoire frémit, » dit M. de Lamartine en parlant de Robespierre, « de prononcer le mot de l'é-
» nigme qui se rattache à sa mémoire, craignant

» également *de faire injustice si elle dit crime, ou de*
» *faire horreur si elle dit vertu.* »

« Cet homme, ajoute-t-il, est et restera sans défi-
» nition » (elle nous semblerait pourtant bien facile à
formuler). « Il y a un dessein dans sa vie, et *ce dessein*
» *est grand :* le règne de la raison par la démocratie. *
» Il y a un mobile, et *ce mobile est divin :* c'est la soif
» *de la vérité et de la justice dans les lois.* Il y a une
» action, et *cette action est méritoire :* c'est le combat
» à mort contre le vice, le mensonge et le despotisme.
» Il y a un dévoûment, et ce dévoûment est constant,
» absolu comme une immolation antique : c'est le
» sacrifice de soi-même, de sa jeunesse, de son repos,
» de son bonheur, de son ambition, de sa vie, de sa
» mémoire à SON ŒUVRE, etc. etc. »

A son œuvre ! et quelle œuvre, grand Dieu !... Est-
ce bien de Robespierre dont il peut être question ?
Est-ce bien M. de Lamartine qui a pu tracer ces
lignes ?... La plume nous tombe des mains...

Il nous sera donc permis de dire en la reprenant,
que nous eussions désiré une toute autre conclusion.
Nous persistons à soutenir que lorsqu'un écrivain dont
la voix est une puissance, ainsi que l'est incontestable-
ment celle de M. de Lamartine, entreprend de traiter

---

* M. de Lamartine dit, un peu plus loin il est vrai : « Le type de la démo-
» cratie doit être magnanime, généreux, *clément* et incontestable comme la
» vérité ». Est-ce bien là celle que Robespierre avait prétendu créer et
consolider ?

Quant aux pages qui suivent et qui terminent le huitième et dernier
volume, nous sommes tout aussi loin d'adopter cette espèce d'apothéose de
la pensée révolutionnaire.

un tel sujet, ce ne devrait être que pour juger rigou-
reusement la Révolution, ses principes, ses tendances
et ses adeptes sanglans, les poursuivre et les flétrir,
bien loin de les excuser souvent, et même parfois de
paraître chercher à les ennoblir. Nous aurions surtout
désiré qu'en parlant d'un monstre qui personnifie en
lui ces vaines, perfides et atroces doctrines qui ont
préparé, hâté et consommé la ruine de la plus belle
monarchie du monde, et ouvert une voie à ce déchaî-
nement de malheurs, de démence et de crimes presque sans exemple dans l'histoire, son trop juste châtiment, comme celui de ses principaux complices, ne
fût pas la seule vengeance qu'attend la postérité. Nous
aurions voulu que l'historien qui nous occupe s'atta-
chât à les démasquer sans ménagement et à les poursuivre sans relâche, dans leur conduite comme dans
leurs actes; car en laissant croire qu'il y eût *de la
grandeur* dans leur pensée et que *la fin pouvait*, en
quelque sorte, *justifier les moyens* lorsqu'il s'agissait
soi-disant *de sauver la patrie*, phrase sonore dont on
a tant abusé, on se trouve dénaturer entièrement ce
qu'il y a de plus noble dans les expressions comme
dans les idées, et on en vient à égarer complètement
les esprits. M. Daunou n'a plus rien laissé à dire à cet
égard, « lorsqu'en s'indignant, et moins encore contre
» la violence sanguinaire des uns que contre l'égoïsme,
» l'hypocrisie et la bassesse des autres, il s'écrie que
» le sang versé peut s'effacer, il est vrai, mais que la
» tyrannie enfante et laisse après elle des vices dégra-
» dans qui restent comme une marque de honte sur

» le front d'un peuple, et que ce régime, plus absurde
» encore qu'odieux, qui bien loin de concourir à
» sauver la France, la mit à deux doigts de sa perte,
» atteste que des maximes qui seraient infâmes dans
» la vie privée, sont plus infâmes encore quand on
» les érige en loi des peuples et qu'on les applique au
» gouvernement des sociétés. »[*]

M. Nettement a qualifié le livre de M. de Lamartine
de *glorification de l'esprit philosophique dans sa révolte
contre la religion révélée* (D), *et de l'esprit révolutionnaire contre le principe monarchique.* Nous ne nous
occupons ici que de ce qui a trait à la partie historique,
et assurément il n'entrera dans la pensée de personne
que M. de Lamartine puisse ne pas partager l'horreur
générale qu'inspirent les crimes de la Révolution. La
manière dont il les raconte en les *dramatisant* avec
cette poétique énergie qui nous remet presque trop
vivement sous les yeux ces tableaux empreints de deuil
et de désolation, suffirait pour en faire foi si l'on ne
connaissait pas d'ailleurs et son caractère si généreux
et son âme si élevée. Nous n'accuserons donc ici que
l'erreur d'une noble nature qui s'est laissée aller à
accueillir involontairement l'idée révolutionnaire, ce
qui le conduit à interpréter, et plus tard à défendre
ces doctrines fatales, source de tant d'égaremens fu-
nestes. En flattant ainsi, sans en avoir l'intention, ces
passions détestables qui pourraient nous ramener cette

[*] Voyez le *Journal des Débats*, 26 mars 1847, article relatif aux mémoires
de M. Daunou.

ère de malheur, il prête, comme malgré lui, l'appui
d'un admirable talent à une œuvre regrettable, il faut
bien le dire. Plus sa plume est éloquente, brillante et
persuasive, plus ses torts nous paraissent évidens, et
tout l'éclat de pensées et d'images qui se déroulent
successivement sous nos yeux dans une série de récits
si animés, de portraits si habilement tracés, de discours si ingénieusement reproduits, d'appréciations si
neuves et de jugemens si remarquables, ne fait, en
ajoutant à l'attrait du livre, qu'accroître le danger qu'il
présente, et que nous ne croyons pas devoir trop
signaler (E). Ce danger n'existera pas sans doute pour
une classe de lecteurs qui protestera toujours contre
tout ce que désavouent leurs traditions, leurs affections
et leurs croyances; mais il subsistera tout entier pour
ceux qui, jeunes encore, ou tenant de près ou de loin
aux hommes ou aux résultats fâcheux de la Révolution,
cherchent à couvrir ses excès du voile de certaines
utopies séduisantes autant que fallacieuses, et croiront
en trouver l'excuse dans la prétendue grandeur de
l'idée. C'est ainsi qu'il s'organise actuellement dans
le département de Saône-et-Loire un banquet plus
que républicain, dit-on, dont la triste ovation va
célébrer le retour de l'illustre écrivain qui aurait,
dit-on, la faiblesse de l'accepter. Ses amis les plus
dévoués, ses défenseurs les plus ardens, obligés de
reconnaître ce que l'ouvrage offre de répréhensible
à bien des égards, se rejettent sur l'impression qui
doit en résulter, quant aux crimes; sur l'intérêt, le
respect, l'admiration même dont il environne les

malheurs de l'auguste famille royale, en rehaussant en elle la dignité du courage et la résignation de la vertu (f); enfin sur la réprobation dont il frappe quelquefois ces hommes mêmes qu'il semblerait vouloir justifier ailleurs. Ils en appellent aussi à ces modifications que la critique pourra suggérer à l'auteur pour une seconde édition; mais sans compter que le livre va se trouver promptement réimprimé et probablement traduit à l'étranger, il serait difficile, pour ne pas dire impossible, d'en faire disparaître ce que nous qualifions d'erreur (g), sans en dénaturer le sens et la portée. On ne saurait attendre de M. de Lamartine et de ses convictions un pareil sacrifice, et il serait inutile d'y prétendre. Il nous reste donc le regret, le regret sincère et profond d'avoir à réprouver ce que nous aurions voulu pouvoir louer sans réserve, et ce regret est d'autant plus motivé que l'ouvrage paraît à une époque où les esprits, travaillés depuis si longtemps, sont de plus en plus malades, tant en France que hors de France, et où le devoir de tous ceux auxquels leur position ou leur talent peut prêter quelqu'influence, devrait être aussi plus que jamais de venir au secours de l'ordre de toutes leurs forces et par tous les moyens, et d'abord, en redressant des idées fausses ou faussées et des principes dangereux, au lieu de leur prêter des encouragemens que les passions accepteront sans doute, mais que les consciences repousseront toujours.

M. de Lamartine a dit dans sa préface, que son livre était plutôt une étude qu'une histoire. Nous croyons remarquer en effet, et tout en faisant la part de l'éclat de certains récits qui commandent et captivent entièrement l'attention et l'intérêt du lecteur, que l'auteur met souvent en première ligne ses appréciations et ses idées jusques dans les discours qu'il prête aux principaux personnages si habilement mis en scène. C'est ainsi que l'imagination et la vivacité d'impressions du poète se trouveraient fréquemment substituées au calme de l'historien. Quant à la tendance générale dont nous avons cru devoir faire ressortir le caractère tel qu'il nous apparaît, le jugement que nous en avons porté s'accorde avec de nombreuses opinions que l'on pourrait citer, et qui, par diverses voies, se sont formulées en une critique sévère et malheureusement trop fondée. Elles se réunissent au surplus dans un même sentiment, celui du regret qu'éprouve l'habitude prise d'admirer, en présence d'une déviation trop évidente de tous les principes conservateurs si nécessaires en morale comme en politique, et l'on peut dire que ce n'est assurément que pour accomplir comme sa part d'un pénible devoir, que l'amitié elle-même se serait vue amenée à manifester son blâme.

15 juin 1847.

NOTES.

(A) En terminant le récit si dramatique de la journée du 20 juin, M. de Lamartine dit que *le peuple* (et quel peuple !) aurait montré *de la discipline dans le désordre, et de la retenue dans la violence.* Est-ce ainsi qu'il fallait caractériser cet affreux épisode, préliminaire odieux de tant d'horreurs ? Il faut voir dans les mémoires de Bourienne, T. I, p. 49, ce que pensait Napoléon de ce *peuple* du 20 juin :

« Pendant ce temps d'une vie un peu vagabonde, dit-il, arriva le 20 juin,
» sombre prélude du 10 août. Nous nous étions donné rendez-vous pour nos
» courses journalières, chez un restaurateur, rue Saint-Honoré, près le
» Palais-Royal. En sortant, nous vîmes arriver du côté des halles, une troupe
» que Bonaparte évaluait à 5 ou 600 hommes déguenillés et burlesquement
» armés, vociférant, hurlant les plus grossières provocations, et se dirigeant
» vers les Tuileries. C'était, certes, ce que la population des faubourgs avait
» de plus vil et de plus abject. *Suivons cette canaille,* me dit Bonaparte. Nous
» prîmes les devants, et nous allâmes nous promener sur la terrasse du bord
» de l'eau. C'est de là qu'il vit les scènes qui eurent lieu, et je peindrais
» difficilement le sentiment de surprise et d'indignation qu'elles excitèrent en
» lui. Il ne revenait pas de tant de faiblesse et de longanimité. Mais lorsque le
» roi se montra à l'une des fenêtres qui donnent sur le jardin, avec le bonnet
» rouge que venait de placer sur sa tête un homme du peuple, l'indignation
» de Bonaparte ne put se contenir, et il s'écrie, en jurant : *Comment a-t-on
» pu laisser pénétrer cette canaille ? il fallait en balayer quatre ou cinq cents
» avec du canon, et le reste courrait encore.* »

Et ce n'était pas le maître du monde, l'ennemi déclaré des idéologues et des révolutionnaires qui s'exprimait ainsi, c'était le simple lieutenant d'artillerie, l'homme obscur encore qui assistait à cette grande leçon donnée à l'avenir, et qui, pressentant peut-être ses hautes destinées, sentait son âme se révolter à l'aspect de l'humiliation de la royauté, et prévoyait les conséquences de cette insurrection non réprimée.

Les pages 222 et 223 du troisième volume sont de celles qui suffiraient pour stygmatiser ce *peuple* (dans la mauvaise acception de ce terme), peuple en démence, que M. de Lamartine désigne ailleurs comme *indifférent ou cruel et peu propre à devenir une nation digne de l'empire et de la liberté.* Il l'encense pourtant jusques dans ses excès, représenté par lui comme *le délire de la liberté* qui combat *pour ses droits.* Étrange abus de mots sans cesse reproduits, mais trop souvent dans un sens qu'il est impossible d'admettre !

« *L'enthousiasme général,* dit-il (p. 223), qui soulevait ce peuple, l'eût fait
» *rougir de penser à autre chose qu'à la vengeance et à la liberté.* La fureur
» qui le possédait, lui laissait le sentiment de la dignité de sa cause. Il se

» souillait de meurtres, *il s'enivrait de tortures* (quel aveu !), mais jusques
» dans le sang, la masse *respectait en soi le combattant de la liberté.* »

(B) Après avoir fait, comme on pouvait s'y attendre, l'éloge des ouvrages
de MM. Michelet et Louis Blanc, *Le National* dit, en parlant de celui de
M. de Lamartine : « Nous ne nous attendons pas à pouvoir tout louer dans
» ce livre. Il est difficile que, malgré sa haute intelligence, M. de Lamartine
» ait pu considérer les événemens de la Révolution et les acteurs de ce grand
» drame, sans avoir quelque peu le regard troublé. C'est déjà un grand
» progrès qu'avec son éducation, ses précédens, ses souvenirs de famille, il
» ait pu se guérir à un certain degré de cette ophtalmie politique si commune
» parmi les hommes placés dans une position analogue à la sienne. »

15 mars 1847.

Il nous paraît assez triste de n'avoir obtenu que de pareilles lignes pour
prix de tant de concessions, car un fragment communiqué sur *la vie privée
de Robespierre* contient les phrases suivantes qui ont bien lieu d'exciter au
moins notre surprise :

« La vie de Robespierre portait témoignage de désintéressement de ses
» pensées. Cette vie était le plus éloquent de ses discours.......
» Renfermant son *cœur* dans cette pauvre maison Duplay qu'il habitait,
» il inspirait et éprouvait dans ce cercle intérieur formé autour de lui, tous
» les sentimens qu'une âme ardente n'inspire et n'éprouve qu'en se répandant
» sur beaucoup d'espace au-dehors.......
» Son attachement pour Éléonore Duplay lui donnait de la tendresse et
» point de tourmens ; du bonheur et point de distraction : c'était l'amour qui
» convenait à un homme jeté tout le jour dans *les agitations de la vie pu-*
» *blique* ; un repos du cœur après *les lassitudes* de l'esprit. »
» La sœur d'Éléonore, Élisabeth Duplay, épousa Lebas, et cette jeune
» femme, à qui l'amitié de Robespierre coûta la vie de son mari le lendemain
» de leur union, vécut plus d'un demi-siècle après ce jour, sans avoir une
» seule fois renié *son respect* pour Robespierre, et *sans avoir compris* (son
» intelligence devait être fort arriérée) les malédictions du monde contre ce
» frère de sa jeunesse qui lui apparaissait dans ses souvenirs si *pur*, si
» *vertueux* et si *doux !......*
» Les vicissitudes de fortune, d'influence et de popularité extraordinaire
» de Robespierre, ne changèrent rien à la simplicité de son existence (dont le
livre nous donne le précieux détail).
» Les Duplay, leurs ouvriers et leurs amis parlaient de lui comme du type
» de la vérité et de la vertu.
» Le nom de Robespierre était devenu peu à peu le seul que répétât sans
» cesse le peuple ;...... il s'était incrusté dans la masse révolutionnaire, *mais*
» *probe* du peuple de Paris ,...... qui lui portait un attachement *d'estime......*
» Il y avait une conviction dans les idées de cet homme, un mysticisme dans

» son nom, une sorte d'apostolat dans son rôle, une apparence de martyre
» dans sa pauvreté, dans sa patience, dans son isolement! souffert pour la
» cause de tous. En aimant Robespierre, le peuple croyait s'aimer lui-même»...

Et pas un mot de plus sur les journées de crime de cet homme affreux! pas
un regret! pas un symptôme de réprobation! Il en est de même lorsqu'en
racontant le 10 août, M. de Lamartine cherche à attendrir sur les appréhen-
sions de mesdames Desmoulins et Danton, à côté des angoisses de la reine à
peine mentionnées. (T. III, p. 110, 111, 112 et 113).

(c) L'article de l'*Union monarchique* est sous la date du 16 mars. Il
relevait la phrase suivante :

« Louis XVI ne pouvait être jugé en politique et en équité que par un
» procès d'état.

« La nation avait-elle le droit de le juger ainsi? C'est demander si elle
» avait le droit de le combattre et de le vaincre ; en d'autres termes, c'est
» demander si *le despotisme* est inviolable, si la liberté est une révolte ; s'il
» n'y a de justice au ciel que pour les rois ; s'il n'y a pour les peuples que
» le droit de servir et d'obéir ! Le doute seul est une impiété envers les
» peuples. »

» On le voit, tout est remis en question », dit le journal ; et ne serait-on
pas tenté de voir dans cette opinion ainsi énoncée une flatterie s'adressant
aux passions de la démocratie toujours envieuse et toujours envahissante?

(D) Il est sans doute fait allusion à tout ce qui a trait au jugement porté
sur Voltaire que M. de Lamartine, dans un étrange rapprochement de mots,
appelle *le Messie de l'incrédulité*, et à l'influence bien fatale, suivant nous,
qu'il exerça sur son siècle. On s'étonne assurément d'avoir à signaler à la
page 259 du premier volume la phrase suivante :

« Braver les haines de la terre *et les anathèmes du ciel*, c'est l'héroïsme de
» l'écrivain. »

(E) Le Vicomte de Launay, pseudonyme d'une femme aussi spirituelle que
distinguée, déclare dans le feuilleton de *la Presse* du 4 avril, et à la suite
d'un éloge un peu embarrassé, que *ce livre est une révolution, un présage,
un symptôme, un décret peut-être*, et ajoute : « Nos lecteurs comprennent
» nos *préoccupations*, en partageant notre admiration, notre enthousiasme,
» et peut-être aussi *nos alarmes.* »

Une autre plume, amie de M. de Lamartine, a pris sa défense quant à ce
qui avait pû être blâmé avec quelque sévérité, en mettant en avant qu'ayant
à peindre un temps d'orage, de révolution, de tourmente politique, et enfin
de folie, il avait fallu que l'auteur se mit au point de vue de l'époque, des
événemens, des personnages qu'il mettait en scène et qu'il jugeait souvent
de diverses manières à quelques pages de distance ; qu'il valait mieux enfin
porter la lumière sur les beautés incontestables de l'ouvrage, que de faire

ressortir ce qu'il pouvait y avoir de défectueux, et chercher à *réparer le mal* en atténuant les torts. Il nous a paru cependant qu'il n'appartenait pas même au talent d'un ordre si élevé, que nous nous attendions bien à voir se signaler presqu'à chaque page, de prétendre réformer les arrêts d'une opinion qui a justement flétri les excès de la Révolution et leurs auteurs, et que ce n'était pas au point de vue d'une époque de fièvre et de délire qu'il convenait de se placer pour bien juger de tels événemens et de tels hommes, mais bien au contraire à celui de l'historien calme, impartial et consciencieux, qui ne prononce qu'après mûr examen et sans arrière-pensée. — Pourrait-il donc être vrai que M. de Lamartine aurait eu l'intention d'ajouter à la vogue et au débit de son ouvrage en caressant les passions malheureusement prédominantes; qu'il aurait trahi la pensée de se désigner comme l'homme nécessaire à une époque donnée de trouble et de confusion possible, et de rechercher ainsi une funeste popularité? Nous aimons à ne pas le croire, car nous avons de lui une trop haute idée pour admettre une supposition qui nous paraîtrait offensante.

(F) Il serait injuste de ne pas constater que l'on trouve avec bonheur dans le cours de l'ouvrage, et notamment aux pages 3, 17, 20, 21, 140, 141 et 166 du troisième volume, des passages admirablement tracés et qui se rapportent au roi et surtout à la reine. A Dieu ne plaise en effet que nous veuillons enlever à M. de Lamartine la part d'éloges qui lui est due lorsqu'il consacre à la captivité du Temple, à la majesté du malheur si dignement soutenue par Louis XVI, et à la longue agonie de la reine, des pages si éloquentes et si empreintes de douloureuse vérité. Nous aurions voulu cependant qu'en parlant du roi, il eût évité les expressions *le condamné*, *le supplicié*, et qu'au lieu de dire *qu'il remit son ame à son créateur par les mains du bourreau;* il eût rappelé ces mots admirables, attribués à l'abbé Edgeworth : *fils de Saint-Louis, montez au ciel.* Il y avait là toute la poésie d'une situation heureusement presque sans exemple, et son génie aurait pu, ce nous semble, s'en emparer avec succès.

On trouve dans *les Souvenirs de la terreur* de G. Duval, des réflexions empreintes d'un sentiment qui nous a paru guider bien noblement sa plume, lorsqu'il parle de ces royales victimes et de celles qui les ont précédées ou suivies. Le même esprit semble animer M. Arnault dans ses *Mémoires d'un sexagénaire*, lorsqu'il s'écrie :

« Quel souvenir que celui de Marie-Antoinette, qu'on avait vue si belle de
» majesté et de bonheur à Versailles, où elle effaçait par son éclat celui de la
» plus brillante de toutes les cours; où elle réfléchissait la royauté dans toute
» sa splendeur, la jeunesse dans toute sa magie; de cette princesse dont la
» nature avait fait une grâce, la fortune une reine, l'enthousiasme pres-
» qu'une divinité, et dont la rage révolutionnaire a fait une héroïne et une
» martyre; qu'on a revue le 16 octobre 1793, veuve du roi et de la royauté,

— 16 —

» vêtue d'habits d'emprunt sous lesquels ses bras étaient garottés, et traînée
» dans une ignoble charrette à la place encore teinte du sang de son vertueux
» époux, de celui de Henri IV et de Saint-Louis !

Et vous l'avez souffert, Français ! Et vous étiez, au sein d'une vaste capitale,
spectateurs timides, pour ne pas dire plus, d'une pareille immolation, et vous
vous proclamez pourtant la première et la plus généreuse des nations !.....
Ah ! à cette image ainsi rappelée à notre mémoire, le cœur se serre, les yeux
se remplissent de larmes , car nous en supportons tous la honte, et 54 ans
bientôt révolus n'ont pu affaiblir cette impression si désolante, lorsqu'elle
vient se retracer à la pensée !

(6) Parmi plusieurs passages qui nous ont paru impliquer quelque blâme,
et dont certains traits se trouvent déjà signalés à la note A , nous pourrions
citer celui qui se rapporte à cette dénomination de *sans-culottes* , adoptée par
les révolutionnaires, qui auraient fini par s'en glorifier, comme Camille Desmoulins, jusques dans son dernier interrogatoire ; dénomination que M. de
Lamartine qualifie « *d'injure que l'aristocratie aurait jetée à l'indigence, et
qui , ramassée par elle , devenait ainsi l'arme du peuple contre la richesse* ».
Est-ce bien la vérité ? et surtout est-ce bien là le langage que M. de Lamartine,
riche, aristocrate lui-même et si généreux à ce double titre, aurait dû tenir
dans son ouvrage ? L'aristocratie ne s'est-elle pas en tout temps fait un honneur
et un devoir de *jeter à l'indigence* toute autre chose assurément que l'injure ?

L'émigration jugée en sens divers, notamment aux pages 305, 306 et 307
du second volume, l'est, suivant nous, bien injustement aux pages 132 et 133
du troisième ; et les mêmes appréciations, très-contestables à notre avis, se
retrouvent en plusieurs autres endroits. Nous pourrions revenir sur ce sujet,
et peut-être non sans quelqu'avantage.

Une circonstance odieuse qui met en scène le peintre David, et citée p. 190
du troisième volume, fait pénétrer dans cette âme froidement atroce. M. de
Lamartine dit seulement *qu'il fut dur*. C'est bien peu, et il ajoute : *qu'un
roi détrôné n'est plus qu'un homme*. Il se trompe assurément, car la dignité
royale ne périt pas, et l'infortune la grandit encore.

On s'étonne aussi de rencontrer à la page 313 du septième volume, et lorsqu'il est question de la violation impie des sépultures royales de Saint-Denis,
la phrase suivante, se rapportant à Louis XIV, le grand roi dont la France
s'honore, et qui a eu la gloire de donner son nom à son siècle :

« Louis XIV n'était plus qu'une masse noire et informe d'aromates, homme
» disparu après sa mort, dans ses parfums, comme pendant sa vie dans son
» orgueil. »

Paris, Imprimerie de Gab. Jousset, rue de Furstemberg.